Inhalt

Unternehmenskommunikation - Digitale Revolution stellt Kommunikationsexperten vor neue Herausforderungen

Kernthesen

Beitrag

Fallbeispiele

Weiterführende Literatur

Impressum

Unternehmenskommuni - Digitale Revolution stellt Kommunikationsexperte vor neue Herausforderungen

Harald Reil

Kernthesen

- Verbraucher nehmen Kommunikationsexperten die Zügel aus der Hand und äußern auf Social-Media-Plattformen ihre Meinung - ungeschminkt und oft mit tausendfachem Echo.
- PR-Strategen reagieren verunsichert: Zwar engagieren sich schon viele Firmen auf

Social-Media-Plattformen, den Stein der Weisen scheint allerdings noch kein Unternehmen gefunden zu haben.
- Dell hat die Social-Media-Abteilung abgeschafft und die Kommunikationsarbeit im Web 2.0 in die Hände ihrer Angestellten gelegt.
- Unternehmenslenker stehen im Rampenlicht. Von ihren Kommunikationsfähigkeiten hängt es ab, ob die öffentliche Meinung ein positives oder ein negatives Bild von ihrer Firma hat.

Beitrag

Das One-Voice-Prinzip hat ausgedient

Das Mitmachnetz hat die Businesswelt kalt erwischt. So könnte die saloppe Formulierung für ein Phänomen lauten, das Fachleute für Unternehmenskommunikation auf der ganzen Welt Kopfzerbrechen bereitet. Der Kunde hat sich emanzipiert. Und mehr noch: Es scheint, als habe er den PR-Strategen ganz einfach die Zügel aus der Hand genommen. Auf Social-Media-Plattformen tut der Verbraucher seine Meinung kund - ungeschminkt, lauthals und manchmal mit tausendfachem Echo. Es gibt nicht nur wesentlich mehr Kommunikationskanäle als früher, die Informationen verbreiten sich auch auf Wegen, die nicht mehr kontrollierbar sind. Damit hat auch das One-Voice-Prinzip ausgedient, das vor der Medienrevolution ganz eindeutig die Domäne des Unternehmens war. Und schließlich tragen die technischen Innovationen dazu bei, dass sich die Kommunikation beschleunigt und der Dialog intensiviert. Angesichts dieser Entwicklungen lautet die Frage: Was können Unternehmenskommunikatoren tun, um die Kommunikation im Sinne des Unternehmens zu steuern? Oder provokanter formuliert: Können sie überhaupt noch etwas tun? (1), (6)

Angriff ist die beste Verteidigung

Zumindest scheinen sich die Unternehmen nicht kampflos geschlagen zu geben. Eine internationale Studie des Meinungsforschungsinstituts GfK und des Deutschen Investor Relation Verbandes (DIRK) hat herausgefunden, dass die Mehrheit der börsennotierten Unternehmen in Deutschland, der Schweiz, Österreich und in Großbritannien zumindest plant, Social Media in ihre Kommunikationsstrategie zu integrieren. 43 Prozent der deutschen Unternehmen haben das bereits getan. Bei den DAX-Unternehmen liegt der Anteil sogar noch höher: Hier nutzen bereits 59 Prozent der Konzerne Social Media für ihre PR-Arbeit. Spitzenreiter ist allerdings die Schweiz. In unserem Nachbarland binden sogar schon 62 Prozent aller befragten Unternehmen Social Media in ihre Unternehmenskommunikation ein. Länderübergreifend gaben die Fachleute der über 700 Gesellschaften, die für die Studie berücksichtigt wurden, folgende Gründe für ihr Engagement auf Social-Media-Plattformen an: 42 Prozent hoffen, über gezielte Informationen neue Zielgruppen zu erreichen. 41 Prozent nutzen sie als Stimmungsbarometer. 36 Prozent wollen sich mit ihrer Hilfe innovativ am Kapitalmarkt positionieren. (2)

Große Verunsicherung

Die Frage hält sich allerdings hartnäckig, ob die PR-Strategien, die hinter den Social-Media-Aktionen der Unternehmen stecken, wirklich erfolgreich sind. Ist die Verunsicherung, die zumindest bei manchen Unternehmen herrscht, ein Gradmesser, so muss die Antwort auf diese Frage negativ ausfallen. Die Meinungen sind jedenfalls gespalten. Paula Rys, Sprecherin der Strabag AG, Marktführerin im deutschen Verkehrswegebau, hat den Rückzug ihres

Unternehmens von Twitter vor kurzem mit der lapidaren Feststellung begründet, dass der Kurznachrichtendienst keinen Mehrwert bieten würde. Ihr Kollege Gunnar Bender von der E-Plus-Gruppe argumentiert dagegen, dass Social Media auch auf lange Sicht gesehen ganz sicher die öffentliche Meinung dominieren würden. Für die Unternehmenskommunikation leitet er daher den Schluss ab, dass es mit einer reinen PR-Einheit nicht mehr getan sei. Die Firmen müssten sich stattdessen zu Kommunikationsunternehmen wandeln. (3)

Gelassenheit heißt die Devise

Wahrscheinlich ist allerdings schon der Ansatz falsch, die Kommunikationskanäle beherrschen zu wollen. Wer sich von diesem Grundsatz nicht verabschieden kann, wird aller Voraussicht nach seines Kommunikatorenlebens nicht mehr froh. Denn wie der Flohhüter vor die unmögliche Aufgabe gestellt ist, einen Sack voll ungebändigter Kleinsttiere zu bändigen, so ist der am Gatekeeping festhaltende Unternehmenskommunikator angesichts der neuen technischen Kommunikationsmöglichkeiten zum Scheitern verdammt, wenn er alle Meinungen auf Linie bringen will. Gelassenheit ist daher die Devise sowie eine offene und auf Vertrauen basierende Kommunikationskultur - auch innerhalb des

Unternehmens. Mustergültig exerziert diese Werte Dell vor. Der US-amerikanische Produzent von Computerhardware hat seine Social-Media-Abteilung schon vor einigen Jahren aufgelöst. Richard Binhammer, Leiter Public Affairs, begründet diesen Schritt damit, dass das sich Tummeln auf Social-Media-Plattformen Teil der täglichen Arbeit der Dell-Angestellten sei. Schließlich gäbe es auch für die Nutzung des Telefons keine eigene Abteilung, lautet sein ebenso verblüffendes wie einleuchtendes Argument. (1)

Der Chef gibt die Richtung vor

Auch die Führungsetage und hier ganz besonders natürlich der Konzernlenker haben einen maßgeblichen Einfluss darauf, wie das Bild des Unternehmens von der Öffentlichkeit rezipiert wird. Welche verheerenden Auswirkungen eine miserable Informations- und Kommunikationspolitik auf Vorstandsebene haben kann, lässt sich an einigen Beispielen der jüngsten Vergangenheit trefflich demonstrieren. Der Kollaps der Investmentbank Lehmann Brothers, die Ölkatastrophe im Golf von Mexiko und die Kernschmelze in Fukushima waren schon schlimm genug. Eine haarsträubend schlechte Kommunikation, bei der die Informationen von den Verantwortlichen nur häppchenweise serviert wurden und die im Falle Lehmann außerdem von einer unsäglichen Arroganz geprägt war, haben den Ruf der für die Katastrophen verantwortlichen Unternehmen auf lange Zeit geschädigt. Offenheit, Bescheidenheit und das Eingeständnis von Fehlern hätten den Unternehmenslenkern viel besser gestanden. Auch wenn die Schäden für die Weltfinanz beziehungsweise die Natur dadurch nicht begrenzt worden wären, ihren Imageverlust hätten die Unternehmen vielleicht in akzeptablen Grenzen halten können. (4)

Trends

Information Brokers und Multi-Channel-Managers

Social-Media-Plattformen werden aller Wahrscheinlichkeit nach in Zukunft immer mehr an Gewicht gewinnen und daher auch das Bild von Unternehmen in der Öffentlichkeit maßgeblich prägen. Diese Meinung vertraten 46 Prozent der Finanzanalysten, die sich an einer Studie von Virtual Identity beteiligt haben. 45 Prozent der Investoren, 58 Prozent der Kunden und 54 Prozent der Jobsucher teilten diese Einschätzung. Virtual Identity, eine in

Freiburg ansässige Agentur, die sich auf webbasierte Lösungen für das Management von Marken, Unternehmenskommunikation und Markenkommunikation spezialisiert hat, befragte für ihre Untersuchung 5 000 Personen zu ihren Informationsbedürfnissen und Nutzungsgewohnheiten von Medien. Angesichts dieser Ergebnisse werden sich die Aufgaben von Kommunikationsverantwortlichen ändern. Unternehmenskommunikatoren, die als Website-Betreiber Erfolg gehabt hätten, müssen sich zu Information Brokers und Multi-Channel-Managers wandeln. Experten, die mit den veränderten Kommunikationsbedingungen umgehen können, werden daher künftig sicherlich verstärkt gesucht. (5)

Wider den Kontrollwahn

Zwar weiß niemand genau, in welche Richtung sich die Social Media entwickeln werden, ein Trend scheint allerdings unumkehrbar zu sein: Die Unternehmen werden die Hoheit über die Informations- und Kommunikationskanäle nicht mehr zurückbekommen. Umso wichtiger ist es deshalb, dass sie sich öffnen und eine Kommunikationskultur etablieren, die von Vertrauen und dem Willen zum Dialog geprägt wird. Diese Werte müssen nicht nur nach außen getragen, sondern auch im Unternehmen selbst gelebt werden - schließlich ist die Belegschaft ein nicht zu unterschätzender Meinungsmultiplikator. Auf diese Weise schafft das Unternehmen selbst die besten Voraussetzungen, um den de facto schon eingetretenen Kontrollverlust über ihr einstmals vorhandenes Informationsmonopol abzufedern. (1), (6)

Fallbeispiele

Otto erhält Econ-Award in Gold für erfolgreiche Kommunikationsarbeit

Wie erfolgreiche PR-Arbeit auf Social-Media-Plattformen funktionieren kann, zeigt das Beispiel Otto. In seinem Blog "Two for Fashion" lässt das Versandhaus zwei unabhängige Journalistinnen, die in Hamburg beziehungsweise in New York sitzen, über Modetrends bloggen. Mit der Resonanz ist Otto durchaus zufrieden. Auch die Jury, die den Econ-Award für erfolgreiche Kommunikationsarbeit vergibt, fand die Idee so gut, dass sie sie mit Gold ausgezeichnet hat. (7)

Kommunikationsexperten dringend gesucht

Der steigende Bedarf an gut ausgebildeten Kommunikationsexperten spiegelt sich auch in den Angeboten der Weiterbildungsbranche wider. Seit Februar dieses Jahres bietet zum Beispiel das mibeg-Institut Medien mit Sitz in Köln eine viermonatige Fortbildung zum "Referenten für Unternehmenskommunikation" an. Eine 100-prozentige Förderung der Schulung ist unter bestimmten Voraussetzungen möglich. (8)

Weiterführende Literatur

(1) Keine Angst vor Kontrollverlust
aus Neue Zürcher Zeitung 18.11.2010, Nr. 269, S. 67

(2) Social Media ist heute strategische Unternehmenskommunikation
aus W&V Online-Magazin vom 07.06.2011

(3) "K2": Tagung Onlinekommunikation. Die Revolution der Corporate Communications - Unternehmenskommunikation 2.0
aus news aktuell, 2011-04-11

(4) Vorstandskommunikation prägt die Reputation
aus Bank und Markt 05 vom 02.05.2011 Seite 035

(5) Zwischen Corporate Website und Social Media:
VI-Studie beleuchtet Anforderungen an die
Unternehmenskommunikation im Web
aus news aktuell, 2010-10-21

(6) Mit Menschen ins Gespräch kommen
aus Neue Zürcher Zeitung 18.11.2010, Nr. 269, S. 75

(7) Die Kunst, Aufmerksamkeit zu erregen
aus Handelsblatt Nr. 225 vom 19.11.2010 Seite 29

(8) Public Relations und
Unternehmenskommunikation / Einstieg in eine
Branche mit guten Aussichten
aus news aktuell, 2011-01-11

Impressum

Unternehmenskommunikation - Digitale Revolution stellt Kommunikationsexperten vor neue Herausforderungen

Bibliografische Information der deutschen Nationalbibliothek

Die Deutsche Nationalbibliothek verzeichnet diese Publikation in der deutschen Nationalbibliografie; detaillierte bibliografische Daten sind im Internet über http://dnb.d-nb.de abrufbar.

ISBN: 978-3-7379-0378-3

© 2015 GBI-Genios Deutsche Wirtschaftsdatenbank GmbH, Freischützstraße 96, 81927 München, www.genios.de

Alle Rechte vorbehalten. Dieses Werk ist einschließlich aller seiner Teile – z.B. Texte, Tabellen und Grafiken - urheberrechtlich geschützt. Jede Verwertung außerhalb der Grenzen des Urheberrechtsgesetzes bedarf der vorherigen Zustimmung des Verlags. Dies gilt insbesondere auch für auszugsweise Nachdrucke, fotomechanische Vervielfältigungen (Fotokopie/Mikroskopie), Übersetzungen, Auswertungen durch Datenbanken oder ähnliche Einrichtungen und die Einspeicherung und Verarbeitung in elektronischen Systemen.